섬서구메뚜기의 모험

글쓴이 김병규는 1948년 경북 군위에서 태어났습니다. 지은 책으로 『나무는 왜 옷을 벗는가』
『시집간 깜장 돼지 순둥이』『숙제를 해 온 바보』『흙꼭두장군의 비밀』『그림 속의 파란 단추』 등이 있고,
대한민국문학상, 소천아동문학상, 이주홍문학상, 해강아동문학상 등을 수상했습니다.
지금은 소년한국일보 편집국장으로 일하고 있습니다.

지은이 황헌만은 1948년 서울에서 태어났습니다. 소년잡지 『어깨동무』와 『소년중앙』에서 사진기자로 일했습니다.
현재 사진 작업실 'M2'를 운영하며, 사라져 가는 우리 것들을 사진으로 기록하는 작업을 하고 있습니다.
사진집으로 『장승』『초가』『조선땅 마을지킴이』『한국의 세시풍속』『도산서원』『옹기』『하회마을』『임진강』 등이 있고,
사진 동화로 『민들레의 꿈』『민들레 일기』『내 이름은 민들레』『아주 작은 생명 이야기』『섬서구메뚜기의 모험』
『날아라, 재두루미』『춤추는 저어새』『강가에 사는 고라니』『독수리의 겨울나기』『노랑발 쇠백로 가족』 등이 있습니다.

감수자 김승태는 건국대학교에서 농업곤충학으로 박사 학위를 받았습니다.
현재 한국곤충학회, 한국응용곤충학회와 미국과 영국, 일본 등 여러 나라의 거미학회에서 활동하며,
서울대학교 농업생명과학연구원 책임연구원/강사로 있습니다. 지은 책으로 『열려라! 거미나라』『거미의 세계』 등이 있으며,
감수한 책으로 『작은 곤충들의 신기한 집 짓기』『개미집에 놀러 와요』『민들레의 꿈』 등이 있습니다.

섬서구메뚜기의 모험
ⓒ 김병규, 황헌만 2009

글 | 김병규 사진 | 황헌만 감수 | 김승태
펴낸이 | 김서영 펴낸곳 | 토마토하우스
등록 | 2005년 8월 4일 (제406-2005-000027호)
주소 | 413-756 경기도 파주시 광인사길 37
전화 | 031-955-2012 팩스 | 031-955-2089
홈페이지 | www.sonyunhangil.co.kr 블로그 | hangilsa.tistory.com
전자우편 | sonyunhangil@hangilsa.co.kr

1판 1쇄 펴낸날 2009년 6월 15일
1판 4쇄 펴낸날 2014년 4월 25일

값 12,000원
ISBN 978-89-92089-66-1 73480

· 이 책은 저작권법에 따라 보호받는 저작물입니다. 이 책의 내용 일부 또는 전부를 재사용하려면
  반드시 저작권자와 출판사 양쪽의 허락을 받아야 합니다.
· 잘못 만들어진 책은 구입하신 서점에서 바꿔드립니다.

· 이 도서의 국립중앙도서관 출판시도서목록(CIP)은
  e-CIP 홈페이지(http://www.nl.go.kr/ecip)에서 이용하실 수 있습니다.
  (CIP제어번호 : CIP2009001584)

CHANGPO design group   031-955-2080

섬서구메뚜기의 모험

김병규 글 · 황헌만 사진

"얘들아, 나 좀 봐. 정말 멋지지? 늘씬하잖아!"
섬서구메뚜기가 풀밭 위로 머리를 쑥 내밀었어요.
"이 연두색 옷은 어때? 우아하지?"
아무도 봐 주지 않자, 섬서구메뚜기는 멋쩍어졌습니다.

섬서구메뚜기는 반들반들한 눈으로 두리번거렸어요.
"내 눈은 별별 것을 다 찾아낸단다. 금방 또 멋진 걸 발견했어.
어쩜 저렇게 아름다울까? 누구 솜씨인지 대단해. 뭔지 궁금하지 않니?"
섬서구메뚜기는 다시 우쭐거렸어요.

"반짝반짝 빛나는 은구슬이 알알이 꿰어져 있네. 멋진 예술 작품이야!"
섬서구메뚜기는 훌륭한 작품을 만든 예술가를 만나고 싶었어요.

"저 위에서 폴짝폴짝 뛰어 볼까?
구슬들을 돌돌 굴리며 놀까?
풀잎 놀이터보다 몇 배는 더 재미있겠어."
섬서구메뚜기는 상상만 해도 신이 났습니다.

어, 저 나비 좀 보세요. 예쁜 구슬 그물을 피해 날아가네요.

그때 산들바람이 구슬 그물을 지나며 말했어요.

"저 그물 가까이 가지 마."

그러고는 뒤돌아보지 않고 어디론가 날아가 버렸지요.

"그물이 출렁출렁 흔들리면 기분이 정말 좋을 텐데. 산들바람이 괜히 그런 거야.
그래, 결심했어. 난 저 반짝반짝 그물에 올라가고 말 테야!
누가 나랑 같이 갈래?"
섬서구메뚜기는 이곳저곳을 기웃거렸어요.

"날 따라와 봐. 신나는 일이 있을 테니까.
정말이라니까. 나중에 후회 말라고."
섬서구메뚜기는 땡땡 큰소리를 쳤어요. 하지만 개미는 땅으로 숨고
달팽이는 풀잎 뒤에 숨고 쇠똥구리, 풍뎅이도 못 들은 척했어요.

그때 방아깨비가 끄덕끄덕 나타났어요.
"역시 방아깨비 형이야. 나랑 같이 갈 거지?"
"무슨 일이야? 어딜 간다고?"
"저기, 반짝반짝 놀이터에…… 굉장할 거야."

"조심해, 섬서구메뚜기야.
예뻐 보인다고 다 좋은 건 아니란다."
"뭐라고? 그게 무슨 뜻이야?"
"위험할지도 모른다는 말이야."
"방아깨비 형도 참! 보기보다는 겁쟁이구나.
반짝반짝 그물이 뭐가 위험하다고 그래?"
섬서구메뚜기는 방아깨비의 말을 듣는 둥 마는 둥 했어요.

"겁쟁이 방아깨비 형, 잘 봐!
내가 반짝반짝 그물에서 얼마나 재미있게 노는지."
섬서구메뚜기는 뒷다리로 풀잎을 박차고 뛰어올랐어요.
날개를 쫙 펴고 훌쩍 날아올랐어요.

반짝반짝 그물에 아슬아슬하게 내려앉았어요. 출렁출렁! 그물이 흔들렸어요.

그 바람에 구슬들이 방울방울 떨어졌어요.

"야, 신난다!"

그런데, 이게 웬일일까요? 그물이 끈적끈적 달라붙었어요.

섬서구메뚜기는 버둥거렸어요.

그럴수록 다리에도 날개에도 그물이 감겨들었어요.

그때, 얼룩덜룩 징그럽게 생긴 녀석이 나타났어요.

녀석은 다짜고짜로 와락 달려들었어요.
꽁무니에서 뽑아낸 실로 섬서구메뚜기를 친친 감아댔어요.
"어어, 왜 이러세요? 그물을 만든 예술가님 아니세요?"
"난 사냥꾼이야. 바로 이 덫의 주인 거미님이시다!"
그 말에 섬서구메뚜기는 깜짝 놀랐어요.

거미는 섬서구메뚜기의 온몸을 꽁꽁 묶었어요.

"숨 막혀요. 놔 주세요."

"호호, 어림없는 소리……."

"거미님, 저는 잘못한 게 없어요.

반짝반짝 놀이터에서 놀고 싶었을 뿐이라고요."

"넌 내 밥이야."

거미는 이빨을 드러내 보였어요. 날카로운 이빨을 보자, 섬서구메뚜기는 섬뜩했어요.

"엉, 뭐라고요?"

"지금은 배가 불러서 널 묶어 두는 거야. 낮잠 한숨 자고 나서, 나중에 잡수시려고 말이야."

이렇게 약을 올리더니, 거미는 은신처에 몸을 숨겼어요.

"난 호기심이 많은 게 탈이야. 방아깨비 형의 말을 듣는 건데……."

섬서구메뚜기는 대롱대롱 매달린 채 엉엉 울며 후회했어요.

이젠 앞이 흐릿하고, 아무 소리도 들리지 않았어요.
거미가 곧 나타날 것만 같아,
섬서구메뚜기는 조마조마했어요.
"누구 없나요? 좀 도와주세요."
섬서구메뚜기는 거미가 들을까 봐 큰 소리를
낼 수도 없었어요. 그때였습니다.
"어머, 이게 누구야?"
섬서구메뚜기는 반가운 마음에 얼른 대답했어요.
"저예요! 섬서구……."
"아, 섬서구메뚜기구나. 쯧쯧, 조심하라고 했잖니?"
"아, 산들바람님. 놀이터인 줄 알고 왔다가
거미에게 잡혀 있어요. 여기서 벗어나게 도와주세요."
"방법이 있기는 한데, 좀 위험해. 괜찮겠니?"
"여기서 도망칠 수만 있다면 뭐든 할게요."
"알았어. 기다려라."
산들바람은 거미줄을 흔들기 시작했어요.
그러자 섬서구메뚜기도 흔들흔들했어요.
거미줄이 점점 더 세게 흔들리자
섬서구메뚜기는 어질어질했지만 꾹 참았어요.

이제 섬서구메뚜기를 붙잡고 있는 것은 한 가닥 거미줄뿐이에요.

그때, 거미가 허둥지둥 나타났어요.

먹이를 놓치지 않으려고 안간힘을 썼어요.

섬서구메뚜기는 간이 콩알만 해졌어요.

휘이잉, 휘잉. 산들바람은 더욱 힘을 냈어요.

마침내 거미줄이 뚝 끊어졌어요. 섬서구메뚜기는 다행히 나뭇잎 위에 떨어졌어요.

"휴, 살았다. 산들바람님 덕분이야."

섬서구메뚜기는 위를 올려다보았어요.

산들바람은 보이지 않고, 망가진 거미줄에서 거미가 입맛을 다시고 있었어요.

"쩝쩝, 아깝다. 맛있는 먹잇감을 놓치다니!"

"내 꼴이 이게 뭐람?"
섬서구메뚜기는 마치 흰옷을 입고 있는 것 같았어요.
아니, 흰 자루 안에 든 꼴이었어요. 온몸을 감고 있는 거미줄 탓에
꼼짝할 수도 없었어요. 누가 볼까 봐 부끄러웠어요.

하지만 끈적이는 거미줄 덕분에 떨어지지 않고
나뭇잎에 매달려 있었지요.
"에라 모르겠다. 좀 쉬고 보자."
힘이 빠진 섬서구메뚜기는 가만히 눈을 감고 있었습니다.

"그 녀석 맛있게 생겼는데……. 살도 알맞게 쪘고."
거미는 자꾸만 섬서구메뚜기를 힐끔거렸어요.
"에잇, 오늘 한나절은 헛수고만 했네.
그물도 망가지고 말이야."
거미는 망가진 거미줄을 고치기 시작했어요.

섬서구메뚜기는 더듬이를 한껏 세웠어요.

아, 틀림없어요. 이건 방아깨비 형의 소리에요.

"너 괜찮니? 큰일 날 뻔했잖아."

방아깨비의 목소리가 너무 반가웠어요.

섬서구메뚜기는 눈물이 찔끔 났지만 얼른 아무렇지도 않은 척했어요.

"형도 봤지? 진짜 신나는 모험이었어."

"널 다시는 못 보는 줄 알았다. 정말 괜찮니?"

"괜찮고말고. 솔직히 조금 무섭긴 했지만."

"모험도 좋다만, 그 꼴이 뭐야?"

"갑갑해 죽겠어, 형. 이것 좀 풀어 줘."

그제야 섬서구메뚜기는 울상을 지었어요.

"오냐. 자, 고개 들어 봐. 옳지!"

방아깨비는 섬서구메뚜기의 얼굴과 머리에

감겨 있는 거미줄부터 걷어냈어요. 그다음에

등과 옆구리, 다리에 붙은 거미줄을 뜯어냈지요.

"아, 이제 좀 살 것 같다."

섬서구메뚜기가 기지개를 켰어요.

"돌아서 바로 앉아 보렴."

방아깨비는 날갯죽지 사이의

부스러기 거미줄까지 말끔히 떼 주었어요.

"방아깨비 형, 정말 고마워."

"앞으로는 조심해.

세상에는 겉모습과는 달리 위험한 게 많단다."

"헤헤. 알았어, 형."

"너 많이 놀랐지?"

"응. 솔직히 말하면…… 이런 모험은 싫어. 아직도 가슴이 두근거린단 말이야."

"이리 와. 내가 재미있게 해 줄게. 그럼 금방 괜찮아질 거야."

섬서구메뚜기는 방아깨비 쪽으로 다가가 다소곳이 앉았어요.

그러자 방아깨비는 섬서구메뚜기를 풀잎에 태웠어요.

알강달강, 알강달강.
방아깨비는 풀잎을 살살 흔들었어요.
"어때? 내가 만든 풀 그네야."
"와, 신난다! 형, 더 세게 밀어 줘."
하지만 방아깨비는 더 세게 흔들지 않았어요.
알강달강 알강달강.
섬서구메뚜기의 마음이 가라앉도록 조심조심 흔들었어요.
섬서구메뚜기는 지그시 눈을 감았어요.
"방아깨비 형, 아까 겁쟁이라고 놀려서 미안해."
"괜찮아."
알강달강 알강달강.
"방아깨비 형, 정말 고마워."

어린이를 위한 사진 동화 시리즈

민들레 일기
이상교 글 · 황현만 사진 | 48쪽 | 10,000원

2007 한국출판인회의 선정 이달의 책

강인한 민들레의 한해살이
바람과 햇빛을 친구로 둔 어느 민들레의 한해살이. 새싹이 살그머니 고개를 내밀 때 깨어난 민들레는 된서리를 맞아도 끝까지 견뎌 내고 씨앗을 맺습니다.

날아라, 재두루미
황현만 글 · 사진 | 40쪽 | 12,000원

2010 고래가 숨 쉬는 도서관 우리나라 그림책
2011 아침독서 추천도서

새끼 재두루미의 가슴 뭉클한 성장담
텅 빈 들판에 남은 건 다리를 다친 새끼 재두루미의 가족뿐입니다. 새끼 재두루미는 거듭 날갯짓을 연습하고, 마침내 성공합니다.

민들레의 꿈
황현만 글 · 사진 | 40쪽 | 10,000원

2007 문화체육관광부 우수교양도서

민들레가 곤충 친구들에게 들려주는 꿈
민들레는 자신의 꿈을 짓밟으려는 잎벌레의 공격을 막아 냅니다. 민들레에게 감동을 받은 섬서구메뚜기는 다른 곤충 친구들에게 민들레의 꿈을 들려줍니다.

춤추는 저어새
황현만 글 · 사진 | 40쪽 | 12,000원

2011 고래가 숨 쉬는 도서관 올해의 그림책

춤을 추는 저어새의 아름다운 몸짓
누구보다 춤을 잘 추고 싶은 저어새는 백로 선생님을 찾아가 학춤을 배웁니다. 열심히 노력한 끝에 저어새도 우아한 학춤을 출 수 있게 되었습니다.

내 이름은 민들레
이규희 글 · 황현만 사진 | 48쪽 | 12,000원

2007 학교도서관사서협의회 권장도서

우리 민들레에게 보내는 아름다운 응원
민들레는 흔한 꽃이지만 서양민들레가 아닌, 우리 민들레는 좀처럼 만나기 힘듭니다. 밀양과 제주도에서 찾은 우리 민들레의 모습이 담겨 있습니다.

강가에 사는 고라니
황현만 글 · 사진 | 40쪽 | 12,000원

2014 환경부 우수환경도서

호기심 많은 고라니의 모험
드넓은 벌판에서 친구들과 평화로운 시간을 보내던 고라니는 문득 강 건너편이 궁금해졌습니다. 강가의 얼음이 녹기 시작한 어느 날, 고라니의 용감한 모험이 시작됩니다!

섬서구메뚜기의 모험
김병규 글 · 황현만 사진 | 36쪽 | 12,000원

2009 고래가 숨 쉬는 도서관 올해의 그림책

아슬아슬, 섬서구메뚜기의 모험
섬서구메뚜기는 반짝거리는 그물 놀이터에서 놀다가, 그물의 주인인 거미에게 혼쭐이 납니다. 그리고 그제야 방아깨비 형의 충고를 들을걸 후회합니다.

독수리의 겨울나기
황현만 글 · 사진 | 40쪽 | 12,000원

독수리들의 고된 겨울나기
독수리는 애써 구한 먹이를 까치와 까마귀에게 빼앗기고 맙니다. 겨울의 매서운 칼바람과 눈보라, 그리고 배고픔을 독수리들은 과연 어떻게 견뎌 낼까요?

아주 작은 생명 이야기
노정환 글 · 황현만 사진 | 48쪽 | 12,000원

2009 문화체육관광부 우수교양도서

끊임없이 이어지는 작은 생명들
외따로 핀 민들레는 노린재 덕분에 씨앗을 날려 보냅니다. 어린 민들레와 노린재 애벌레는 온갖 어려움을 헤치고 스스로 살아갈 준비를 합니다.

노랑발 쇠백로 가족
황현만 글 · 사진 | 44쪽 | 13,000원

쇠백로들의 사랑과 홀로서기
금실 좋은 쇠백로 부부에게 귀여운 새끼들이 태어납니다. 정겨운 한때도 잠시, 어느덧 새끼들을 떠나보낼 때가 찾아오고 유독 막내 쇠백로만이 홀로서기를 힘겨워합니다.